1. Auflage 1989
© 1989 für die deutsche Ausgabe:
  Bärenreiter-Verlag Karl Vötterle GmbH & Co. KG,
  Kassel
Titel der französischen Originalausgabe:
Pina Bausch.
© 1986 Les éditions Solin, Malakoff
© Guy Delahaye für die Photographien
Umschlaggestaltung: A. Priem, Annecy
Satz: satz + form, Melsungen
Druck:
Werbedruck GmbH Horst Schreckhase, Spangenberg
Buchbinderische Verarbeitung:
Buchbinderei Ludwig Fleischmann, Fulda
Printed in Germany
ISBN 3-7618-0951-4

PINA BAUSCH

PHOTOGRAPHIEN VON DELAHAYE

TEXTE VON
PATRICK TACUSSEL,
GUY DELAHAYE
UND
RUDOLF KIMMIG

Bärenreiter

EINE BIOGRAPHISCHE NOTIZ

Pina Bausch wird am 27. Juli 1940 in Solingen geboren. Ihre Eltern besitzen ein Restaurant. Als Kind verbarg sie sich gerne unter den Tischen, in der Hoffnung, von den Eltern vergessen und übersehen zu werden und so länger aufbleiben zu können. Gäste des Restaurants, die am Stadttheater arbeiten, beobachten sie und stellen ihre Geschmeidigkeit fest. Sie nehmen Pina Bausch zum Kinderballett mit, in dem sie Jahre hindurch geschult wird.
Als Fünfzehnjährige geht sie an die Folkwangschule Essen, die damals von Kurt Jooss geleitet wird, und lebt dort allein. 1959 legt sie das Abschlußexamen für klassischen und modernen Bühnentanz und das pädagogische Examen ab. Im gleichen Jahr erhält sie ein Stipendium des Deutschen Akademischen Austauschdienstes, das es ihr ermöglicht, in die USA zu gehen. Sie tritt als ›Special Student‹ in die Juilliard School of Music ein und wird gleichzeitig Mitglied der Dance Company Paul Sanasardo und Donya Feuer. Das New American Ballet und das Ballett der Metropolitan Opera New York engagieren sie.
1962 kehrt sie nach Deutschland zurück und wird Solistin des neugegründeten Folkwang-Balletts unter der Leitung von Kurt Jooss.
1968 entstehen die ersten eigenen Choreographien für das Folkwang-Ballett, *Fairy Queen* (Musik: Henry Purcell), *Fragmente* (Musik: Béla Bartók). 1969 erhält sie für *Im Wind der Zeit* (Musik: Mirko Dorner), das sie 1968 ebenfalls für die Essener Compagnie entwirft, den 1. Preis des 10. Choreographischen Wettbewerbs Köln. 1969 übernimmt sie die Leitung des Folkwang-Balletts, 1983 die Leitung der Tanzabteilung der Folkwang-Schule, Essen.
1970 choreographiert sie in den Niederlanden; Gastspiele führen sie nach Connecticut und Saratoga (New York). 1971 laden die Wuppertaler Bühnen sie zum ersten Mal ein; als Auftragsarbeit entstehen *Aktionen für Tänzer* (Musik: Günther Becker), die von der Essener Compagnie ausgeführt werden. 1972 choreographiert sie für Wuppertal, wieder mit dem Folkwang-Ballett, das *Bacchanal* im *Tannhäuser*. Sie kehrt nach Saratoga zurück, diesmal als Pädagogin. Die Dance Company Paul Sanasardo lädt sie ein. Gastspiele führen sie nach Rotterdam, London, Manchester... Das Land Nordrhein-Westfalen verleiht ihr einen Förderpreis.
1973 übernimmt sie das Ballett der Wuppertaler Bühnen, das in Tanztheater Wuppertal umbenannt wird. Hier die in Wuppertal entstehenden Choreographien und Stücke:

Fritz, Tanzabend (5. Januar 1974); Musik: Gustav Mahler, Wolfgang Hufschmidt; Bühne und Kostüme: Hermann Markard; Mitarbeit an den Kostümen: Rolf Borzik.
Iphigenie auf Tauris, Tanzoper (21. April 1974); Musik: Christoph Willibald Gluck; Bühne und Kostüme: Pina Bausch und Jürgen Dreier; Mitarbeit von Rolf Borzik.
Ich bring dich um die Ecke, Schlagerballett (8. Dezember 1974); Musik: Tanzmusik nach alten Schlagern; Arrangements: Johannes Fritsch; Bühne: Karl Kneidl.
Adagio – fünf Lieder von Gustav Mahler (8. Dezember 1974); Bühne: Karl Kneidl; choreographische Mitarbeit: Hans Pop.
Orpheus und Eurydike, Tanzoper (23. Mai 1975); Musik: Christoph Willibald Gluck; Bühne und Kostüme: Rolf Borzik; Mitarbeit: Hans Pop.
Frühlingsopfer (Wind von West, Der zweite Frühling, Le sacre du printemps), drei Ballette von Pina Bausch (3. Dezember 1975, Wiederaufnahme 1986); Musik: Igor Strawinsky; Bühne und Kostüme: Rolf Borzik.
Die sieben Todsünden (Die sieben Todsünden der Kleinbürger und *Fürchtet Euch nicht)*, Tanzabend (15. Juni 1976); Musik: Kurt Weill, Text: Bertolt Brecht; Bühne und Kostüme: Rolf Borzik; Mitarbeit: Hans Pop.
Blaubart – Beim Anhören einer Tondbandaufnahme von Béla Bartóks Oper ›Herzog Blaubarts Burg‹, Stück von Pina Bausch (8. Januar 1977); Bühne und Kostüme: Rolf Borzik; Mit-

arbeit: Rolf Borzik, Marion Cito, Hans Pop.
Komm tanz mit mir, Stück von Pina Bausch unter Verwendung von alten Volksliedern (26. Mai 1977, Wiederaufnahme 1983); Bühne und Kostüme: Rolf Borzik; Mitarbeit: Rolf Borzik, Marion Cito, Ralf Milde, Hans Pop.
Renate wandert aus, Operette von Pina Bausch (30. Dezember 1977, Wiederaufnahme 1984); Musik: Schlager, Songs, Evergreens von Barry, Bergmann-Legrand, Gregor, Mancini, Rodgers, Schulz-Reichel, Winkler u. a.; Bühne und Kostüme: Rolf Borzik; Mitarbeit: Rolf Borzik, Marion Cito, Hans Pop.
Er nimmt sie an der Hand und führt sie in das Schloß, die anderen folgen, Stück von Pina Bausch (Uraufführung am Schauspielhaus Bochum am 22. April 1978, Erstaufführung in Wuppertal am 9. November 1978); Bühne: Rolf Borzik; Mitarbeit: Ula Blum-Deuter, Hans Dieter Knebel, Ingeborg von Liebezeit, Klaus Morgenstern und Katharina Schumacher.
Café Müller, Stück von Pina Bausch (20. Mai 1978, Wiederaufnahme 1986); Musik: Henry Purcell; Bühne: Rolf Borzik.
Kontakthof, Stück von Pina Bausch (Dezember 1978); Musik: u. a. Schlager aus den 30er Jahren, Charlie Chaplin, Anton Karas, Juan Llossas, Nino Rota, Jean Sibelius; Bühne und Entwürfe: Rolf Borzik; Mitarbeit: Rolf Borzik.
Arien, Stück von Pina Bausch (12. Mai 1979); Musik: Beethoven, Mozart, Rachmaninow, Schubert, Comedian Harmonists und altitalienische Arien, gesungen von Benjamino Gigli; Bühne und Kostüme: Rolf Borzik; Mitarbeit: Marion Cito.
Keuschheitslegende, Stück von Pina Bausch (13. Dezember 1979, Neueinstudierung 1988); Musik: u. a. Nino Rota, Robin/Stynge, George Gershwin, Georg Boulanger, Peter Kreuder, Barnabas von Geczy, interpretiert von Marilyn Monroe, Gustav Gründgens, Hans Albers, Willi Forst, Paul Whiteman, Bob Fogu, Sandy Nelson, Larry Adler u. a.; Texte von Ovid, Binding, Wedekind; Bühne und Kostüme: Rolf Borzik; Mitarbeit: Marion Cito.
1980 – Ein Stück von Pina Bausch (18. Mai 1980, Neueinstudierung 1988); Musik: John Dowland, Alfred Deller, Benny Goodman, Beethoven, Debussy, John Wilson, Judy Garland, Edward Elgar, Brahms, Francis Lay, Franz Hohenberger; Bühne: Peter Pabst; Kostüme: Marion Cito.
Bandoneon, Stück von Pina Bausch (21. Dezember 1980, Neueinstudierung 1987); Musik: Tangos, gesungen u. a. von Carlos Gardel; Bühnenbild: Gralf-Edzard Habben; Kostüme: Marion Cito; Dramaturgie: Raimund Hoghe; Mitarbeit: Matthias Burkert, Hans Pop.
Walzer, Stück von Pina Bausch (17. Juni 1982, uraufgeführt im Theater Carré, Amsterdam); Musik: Walzer, Franz Schubert, Robert Schumann, Edith Piaf, Tino Rossi; Bühne: Ulrich Bergfelder; Kostüme: Marion Cito.
Nelken, Stück von Pina Bausch (30. Dezember 1982, Neufassung beim Theater-Festival München, Juni 1983); Musik: Franz Schubert, George Gershwin, Franz Lehár, Louis Armstrong, Sophie Tucker, Quincy Jones, Richard Tauber; Bühne: Peter Pabst; Kostüme: Marion Cito; Dramaturgie: Raimund Hoghe; Mitarbeit: Matthias Burkert, Hans Pop.
Auf dem Gebirge hat man ein Geschrei gehört, Stück von Pina Bausch (13. Mai 1984); Musik: Heinrich Schütz, Henry Purcell, Felix Mendelssohn Bartholdy, Irish Pipe Music, Billie Holiday, Tommy Dorsey, Fred Astaire, Boris Vian, Ervoll Garner, Gerry Mulligan, Johnny Hodges, Enrico Caruso, Lucienne Boyer; Bühne: Peter Pabst; Kostüme: Marion Cito; Dramaturgie: Raimund Hoghe; Mitarbeit: Matthias Burkert, Hans Pop.
TWO CIGARETTES IN THE DARK, Stück von Pina Bausch (31. März 1985); Musik: Claudio Monteverdi, Brahms, Beethoven, Bach, Hugo Wolf, Purcell, Ben Webster, Alberta Hunter und Minnelieder; Bühne: Peter Pabst; Kostüme: Marion Cito; Dramaturgie: Raimund Hoghe; Mitarbeit: Matthias Burkert.
Viktor, Stück von Pina Bausch (Mai 1986); Musik: Volksmusik aus der Lombardei, Toskana, Süditalien, Sardinien und Bolivien, mittelalterliche Tanzmusik, russischer Walzer, New-Orleans-Musik, Tanzmusik der 30er Jahre und Musik von Tschaikowskij, Buxtehude, Dvořák, Aram Khatchaturian; Bühne: Peter Pabst; Kostüme: Marion Cito; Dramaturgie: Raimund Hoghe; Mitarbeit: Matthias Burkert.
Ahnen, Stück von Pina Bausch (März 1987); Musik: Claudio Monteverdi, John Dowland, Lieder und Instrumentalmusik aus Mittelalter und Renaissance, afrikanische Volksmusiken der Nubier (Nordsudan), der Hamar (Südäthiopien) und der Sengo (Elfenbeinküste), Volksmusiken aus der Schweiz, Italien, Spanien und der Karibik, frühe jüdische Instrumentalmusik, Rock und Schlager aus Japan, Tanz- und Unterhaltungsmusik der 20er und 30er Jahre mit Fred Astaire, Ella Fitzgerald, Billie Holiday; Bühne: Peter Pabst; Kostüme: Marion Cito; Dramaturgie: Raimund Hoghe; Mitarbeit: Hans Pop; musikalische Mitarbeit: Matthias Burkert.

PINA BAUSCH ODER DIE STÖRENDE ZÄRTLICHKEIT – EIN GESPRÄCH MIT GUY DELAHAYE

Rudolf Kimmig

DER WERDEGANG

Herr Delahaye, Sie gehören zu Frankreichs bekanntesten Bühnenphotographen und haben mit praktisch allen wichtigen Regisseuren und Choreographen gearbeitet. Wie sind Sie zu Ihrem Beruf gekommen? Haben Sie eine Lehre gemacht?

Nein. Wie alle bedeutenden Kollegen bin ich aus Zufall Photograph geworden. Ich studierte Kunstgeschichte und Literaturwissenschaften und jobte nebenher, um mein Studium zu verdienen. Damals arbeitete ich an meiner Doktorarbeit über gotische Kunst, die übrigens nie fertiggestellt wurde, und photographierte sehr viel; dann kam der Augenblick, an dem mir langsam klar wurde, daß ich eines Tages einen richtigen Beruf brauchte. So nahm ich eines Abends einfach meinen Apparat mit ins Theater und photographierte Leo Ferré, den Sänger. Wie durch ein Wunder konnte ich meine Aufnahmen mühelos verkaufen.

Der Beginn Ihrer Karriere glückte Ihnen sozusagen über Nacht?

Ja. Ich studierte in Grenoble. Damals arbeitete dort eine der wichtigsten französischen Theatertruppen, die nicht in Paris beheimatet war, Vorläufer unserer Kulturdezentralisation, die Compagnie des Alpes, die mich auf Anhieb unter Vertrag nahm. Ich wohnte genau gegenüber dem Grenobler Kulturzentrum, das über drei Bühnen verfügt, die jeden Abend belegt waren. Ein wahrer Supermarkt der Kultur, der heute nicht mehr möglich wäre! Ich hatte die Qual der Wahl!

Soweit ich informiert bin, arbeiten Sie mit einigen Truppen, vor allem auf dem Gebiet des Tanztheaters, ständig zusammen, so mit Pina Bausch.

Zu Beginn arbeitete ich hauptsächlich als Theaterphotograph, bis ich mich dann immer mehr mit dem modernen Tanz und vor allem dem Tanztheater beschäftigte, zuerst aus wirtschaftlichen Gründen: die Tanz-Compagnien ziehen oft jahrelang mit dem gleichen Programm von einem Ort zum anderen, so daß ein Photograph mehr Möglichkeit hat, seine Aufnahmen an die jeweilige Provinzpresse zu verkaufen. Dann kam in Frankreich für den Tanz der große Aufschwung; verschiedene Zeitschriften baten mich um regelmäßige Mitarbeit, und ich schrieb sogar Artikel, hörte aber bald damit auf, da ich merkte, daß sich die beiden Berufe, Kritiker und Photograph, nicht unter einen Hut bringen lassen. Die Optik ist zu verschieden. Fünf, sechs Jahre lang photographierte ich ausschließlich Tanzensembles, das von Carolyn Carlson und natürlich das Wuppertaler Tanztheater von Pina Bausch, aber auch die Truppe von Galotta, die in Grenoble entstand, die japanischen Butoh-Gruppen, die nach Europa kamen, und die vielen jungen Compagnien, die ich für hoffnungsvoll halte. Denn das ist wohl der wichtigste Punkt, wenn man Bühnenphotograph werden will: rechtzeitig junge Talente entdecken und sie mit der Kamera so lange wie möglich begleiten.

Ich möchte gerne auf einen weiteren Aspekt Ihrer Arbeit zu sprechen kommen, die vielen Ausstellungen Ihrer Photographien.

Ein sehr wichtiger Punkt innerhalb meiner Arbeit; im Augenblick mache ich übrigens nur Ausstellungen und arbeite kaum noch für die Presse. Bei Ausstellungen muß man die Wahrheit bekennen. Die Arbeit eines Photographen wird erst während einer Ausstellung deutlich. Bei einer Ausstellung bin ich für alles verantwortlich, für die Abzüge, für die Art, wie die Bilder gehängt werden, da gibt es keinen Redakteur, der an meinen Photos herumschnippelt, kurz, in einer Ausstellung kann und muß ich mich selbst zeigen. Ich kann die Photos ausstellen, die mir die liebsten sind, während die Redakteure in der Regel klassische Photographien vorziehen. Meine Auffassung von der Photographie weicht doch stark von der von

Chefredakteuren oder Leitern von Photogalerien ab.

Können Sie das näher ausführen?

Ich glaube, ich kann mich auf ein Beispiel bschränken: Die Photographie wird in immer stärkerem Maße als Ersatzkunst für die Bildende Kunst, und hier vor allem für die Graphik, behandelt. Das heißt, Photographien werden in limitierten Auflagen hergestellt, obwohl man von jedem Negativ unbegrenzt Abzüge herstellen kann, ohne daß das Negativ Schaden leidet, was bei den meisten Druckträgern der graphischen Künste der Fall ist. Die Auflagen werden numeriert und signiert, mit breiten Passepartouts versehen und in edlen Goldrahmen ausgestellt, als handelte es sich um kostbare Handzeichnungen. Natürlich halte ich viele Photographien für kostbar und natürlich nehme ich für den Photographen den Status eines Künstlers in Anspruch, doch nicht in dem oben erwähnten Sinn. Ich glaube, wir müssen uns wieder auf die eigentliche Photographie besinnen, dann brauchen wir dieses ganze Brimborium nicht.

Dieses Brimborium wird ja hauptsächlich aus wirtschaftlichen Gründen veranstaltet. Wie leben Sie? Ausstellungen kosten Geld und bringen wohl kaum etwas ein; Sie folgen den verschiedenen Compagnien durch ganz Frankreich und ins Ausland...

Wissen Sie, ich brauche nicht sehr viel Geld. Wenn ich mir die Bücher kaufen kann, die ich gerne lesen möchte, meine Miete und meine Reisen bezahlen kann, dann genügt mir das. Natürlich kann man mit Photos sehr viel Geld verdienen. Wenn man Wert darauf legt, kann man jeden Tag viele, sehr viele Abzüge machen, die Abzüge signieren, als Ausstellungsware teuer verkaufen... Aber das interessiert mich nicht. Mich interessiert, Ausstellungen zu machen und die neuen Stücke der Truppen zu photographieren, mit denen ich regelmäßig arbeite. Übrigens, meine Ausstellungen sind nicht kostenlos.

Sie verleihen die Ausstellungen an Theater oder Kulturzentren?

Richtig. Sie laden mich zu Ausstellungen ein und bezahlen eine Art Miete. Manchmal bekomme ich aber auch den Auftrag, die Entstehung eines Stückes zu verfolgen und dann zur Premiere eine Ausstellung zu machen; so habe ich letztes Jahr die Hamlet-Inszenierung von Patrice Chéreau für die Festspiele von Avignon festgehalten.

Sie unterliegen also weder den Zwängen des Kunstmarkts noch den Anforderungen der ›Art directors‹ der großen Werbefirmen?

Nein, ich bin völlig unabhängig. Es käme mir nie in den Sinn, ein Photo mit breitem Rand abzuziehen und dann fünftausend Francs dafür zu verlangen. Das hat in meinen Augen mit Photographie nichts zu tun.

DIE TECHNIK DER THEATERPHOTOGRAPHIE

Können Sie mir etwas über die Technik sagen, die Sie anwenden?

Das werde ich häufig gebeten, aber ich kann eigentlich kaum etwas dazu sagen. Technisch ist es nicht schwierig, Theateraufführungen zu photographieren. Nur, davon zu leben... Und je länger ich in diesem Beruf arbeite, desto bewußter wird mir, wie schwierig er in künstlerischer Hinsicht ist. Aber das geht wohl allen so, die sich mit einem Gebiet der Kunst intensiver befassen.

Eine goldene Regel allerdings beherzige ich immer: unter keinen Umständen das Publikum oder diejenigen, die auf der Bühne stehen, zu stören. Das Publikum hat schließlich bezahlt, und die auf der Bühne müssen sich voll konzentrieren können. So benutze ich nur Apparate, die fast lautlos arbeiten. Und laufe während der Vorstellungen nie im Saal herum. Eine Vorstellung ist schließlich für alle Zuschauer gemacht, nicht nur für die in der ersten Reihe. So sind die verschiedensten Blickwinkel interessant. Wenn man sich als Photograph auf dem Boden wälzt oder unmögliche Perspektiven sucht, dann hat man wohl nicht viel zu sagen. Es ist nicht nur einmal passiert, daß ich Hunderte von Kilometern zu einer Aufführung gefahren bin, ohne eine einzige Aufnahme zu machen, nur weil ich nicht stören wollte.

Wie empfindlich sind die Filme, die Sie benutzen, denn Sie verzichten ja auf Blitzlicht?

400 ASA. Und, um gleich der nächsten Frage vorzubeugen: hier gibt es keine Tricks; man kann Filme, die auf 400 ASA getestet sind, nicht einfach auf 2 000 oder 3 000 hochdonnern, wenn man brauchbare Abzüge erzielen will. Das alles ist eine Frage der ruhigen, sicheren Hand. Wenn man mit einem Teleobjektiv arbeitet, darf die Belichtungszeit nicht zu lang werden, sonst wird es sehr schwierig, vor allem

beim Tanz. Beim Theater kann man schon einmal mit einem Achtel oder einem Dreißigstel arbeiten. Aber im Grunde sind technische Fragen bei der Theaterphotographie kaum von Bedeutung.

SUBJEKTIVITÄT UND OBJEKTIVITÄT

Bevor wir auf Ihr Verhältnis zu Pina Bausch und zum Wuppertaler Tanztheater zu sprechen kommen, möchte ich einige allgemeine Probleme der Bühnenphotographie ansprechen. Bei einer Aufführung spielt ja nicht nur die Länge des Stückes, die Geschwindigkeit, mit der gesprochen, sich bewegt oder getanzt wird, eine große Rolle, sondern auch der Bühnenraum, der ›Guckkasten‹, dessen Tiefe, überhaupt das dreidimensionale Element. Elmar Tophoven hat bei seinen Übersetzungen der Bühnenstücke von Samuel Beckett allergrößten Wert darauf gelegt, daß die deutsche Fassung nicht wesentlich länger dauert als die Originalfassung. Sie können natürlich versuchen, die Tiefe einer Bühne wiederzugeben, aber ob das immer gelingt?

Ich möchte darauf nur indirekt antworten: Roland Barthes sagte einmal vom Porträt, es enthalte, wenn es gelungen sei, eine Abhandlung über die dargestellte Person. In meinen Augen kann man das auf die Bühnenphotographie übertragen: Wenn sie gelungen ist, sagt sie eine ganze Menge über die Zeit, den Raum und sogar den Inhalt aus. Selbst das Bühnenbild kann man spüren, auch wenn es nicht oder nur ausschnittsweise abgebildet ist.

Gehen Ihnen diese Fragen eigentlich bei der Arbeit durch den Kopf?

Nein. Nie. Aber ich frage mich, ob ein Maler sich bei der Arbeit solche oder ähnliche Fragen stellt. Ich weiß nicht, ob während des schöpferischen Prozesses theoretische Überlegungen wichtig sind. Vor und nachher sicher. Ich achte darauf, daß die Aufnahme scharf wird, und stelle mir vielleicht Fragen zur Entwicklung, zum endgültigen Abzug. Das schon. So wie ein Maler in manchen Fällen weiß, wie das fertige Bild einmal aussehen wird, noch bevor er angefangen hat zu malen.

Ein zweites Problem: Nicht nur, daß ein Theaterabend zeitlich beschränkt ist, während Photographien davon nicht betroffen werden: jede Aufführung unterscheidet sich von den anderen, zum Teil sogar in erheblichem Maße.

Sicher. Und nicht nur das: auch der Blick des Betrachters ändert sich von einer Vorstellung zur anderen. Ich schaue mir oft hintereinander die gleichen Stücke an und entdecke in der Regel immer etwas, was ich am Vortag nicht gesehen habe. Aus diesem Grund ist Theater so lebendig. Wenn man eine Aufführung sich fünfzehnmal anschauen kann, ohne sich zu langweilen, dann beweist das doch, daß diese Aufführung sehr reich ist. Übrigens, mit Photographien ist es genau gleich: wenn ich ein Photo aufhänge und es zwei Tage später noch ertragen kann, dann ist das für mich ein Beweis, daß das Photo mehr ist als ein bloßes Dokument.

Bühnenphotographen wird häufig vorgeworfen, sie seien subjektiv. Ich frage mich, ob sie wirklich objektiv sein wollen.

Ich stelle mir diese Frage nicht mehr, denn ich habe sie für mich ein für alle Mal beantwortet: ich strebe keine Sekunde an, objektiv zu sein. Schon aus einem einfachen Grund nicht. Ich habe vorher betont, daß es für mich oberste Richtschnur ist, weder Zuschauer noch Tänzer zu stören. Bei ernsten Stücken wie *Viktor* von Pina Bausch herrscht oft minutenlang atemlose Stille im Saal, während der ich nicht arbeiten kann, zumal Pinas Tänzer ja in diesen Momenten aufs Äußerste gespannt sind. Schon aus diesem Grund muß meine Arbeit subjektiv bleiben, denn ich bin dann gezwungen, mich auf die wenigen burlesken oder zumindest geräuschvollen Momente einer Aufführung zu beschränken.

Dazu kommt, daß ich beim Wählen des Ausschnitts selbstverständlich höchst subjektiv verfahre, ob ich nun Schauspieler oder Tänzer photographiere oder einen Akt. Meine subjektive Wahl ist immer entscheidend. Übrigens glaube ich, daß nur durch subjektives Sehen der Inhalt eines Stückes vermittelbar ist. Sehen wir uns doch die vielen ›objektiven‹, abstrakten Kritiken, die über schwierige Stücke geschrieben werden, einmal näher an, dann wird evident, daß die Kritiker in ihrer Objektivität oft nichts begriffen haben. Denke ich dagegen an das, was Beaudelaire über andere Schriftsteller schrieb, dann erfahre ich – auch wenn Beaudelaire völlig danebenliegt, denn, offen gesagt, manches, was er auf diesem Gebiet verbrochen hat, ist der reinste Blödsinn – mehr über den Betreffenden als aus ›objektiven‹ Kritiken.

PINA BAUSCH

Darf ich jetzt auf Pina Bausch zu sprechen kommen. Wie kommt es eigentlich, daß Sie, in Grenoble beheimatet, einer der wenigen Photographen sind, der Pina Bauschs Werk fast vollständig photographiert hat?

1978 habe ich auf dem Theaterfestival in Nancy zum ersten Mal ein Stück von Pina Bausch gesehen, *Café Müller*. Ein Schock. Eigentlich wollte ich in Nancy viele Gruppen photographieren, bin aber dann jeden Abend in die Garage gegangen, in der das Wuppertaler Tanztheater auftrat. Damals kannte mich Pina noch nicht und wollte eigentlich nicht, daß ich Aufnahmen mache. An manchen Abenden habe ich mich sogar verstecken müssen...

Liebe auf den ersten Blick?

Eine große Liebe und vor allem tiefer Respekt vor ihrer Arbeit. Ich war damals von diesem Stück tief getroffen. Und es geht mir heute noch genauso: jedes Mal, wenn ich nach Wuppertal fahre, erlebe ich, obwohl ich mich ja zu den professionellen Theaterbesuchern rechnen kann, wieder diesen Schock.

Ich war sehr überrascht, als ich in Raimund Hoghes Buch Pina Bausch – Tanztheatergeschichten *las, daß auch heute noch Besucher bei Pina Bauschs Stücken türenknallend das Theater verlassen...*

Mich überrascht das nicht. Ich frage mich, was mit Menschen los ist, die nicht auf Pina reagieren, positiv oder negativ. Pina Bausch ist ein Genie, das steht fest. Man wird ja nicht zum Genie, weil man ein paar graue Zellen mehr hat als andere Menschen, sondern weil man über die seltene Fähigkeit verfügt, mit seiner Arbeit andere Menschen zu berühren, aufzuwühlen. Hier habe ich übrigens eine große Schwierigkeit: ich kann nicht genau bestimmen, aus welchem Grund mich die Stücke von Frau Bausch so berühren. Aber da geht es nicht nur mir so: in fast allen Texten über das Wuppertaler Tanztheater, die ich habe, und mein Archiv ist recht umfangreich, spüre ich diese Schwierigkeit, die persönliche Betroffenheit zu erklären, die Pinas Stücke auslösen.

Café Müller war ihre erste Begegnung mit Pina Bausch. In diesem Buch finden sich aber auch Aufnahmen des Sacre aus dem Jahre 1975?

Die Erklärung ist einfach: Nach dieser ersten Begegnung mit der Arbeit Pina Bauschs wollte ich natürlich ihre anderen Stücke sehen. So fuhr ich, so oft ich konnte, nach Wuppertal, was für mich nicht ganz einfach war, denn ich spreche kein Wort Deutsch. Und da ich damals nicht viel verdiente, schlief ich die meiste Zeit in meinem Lieferwagen. Aber das ist nicht so wichtig. Natürlich fuhr ich auch jedes Mal nach Paris, wenn Pina im Théâtre de la Ville auftrat, für das ich seit langer Zeit arbeite. Und da Pina ihre Stücke immer wieder aufnimmt, konnte ich mit der Zeit fast alle photographieren.

Können Sie mir etwas über die Entwicklung der Arbeit von Pina Bausch sagen?

Sicher. Obwohl ich nicht so recht weiß, wozu das dient. Wichtig ist, glaube ich, nur eines: In immer stärkerem Maße erklärt Pina, was auf der Bühne vorgeht. So stellt sie in *Blaubart* ein Tonbandgerät auf die Bühne und demonstriert damit, woher die Musik kommt. Dann führt sie Requisiten aus dem realen Leben ein, denen man ansieht, daß es sich um keine Theaterrequisiten handelt, sondern um Privateigentum der Tänzer, stattet die Tänzer mit Mikrophonen aus, was auch im Tanztheater selten vorkommt, und macht sie so zu Schauspielern, und verdichtet die Form in immer stärkerem Maße. Natürlich war ich bei meiner ersten Begegnung mit ihrer Arbeit, bei *Café Müller*, das noch eine relativ klassische Struktur aufweist, von der Form, der Ästhetik von Pina Bausch fasziniert und bin es auch immer noch; ihre künstlerische Sprache hat inzwischen eine solche Perfektion erreicht! Trotzdem ist mir heute die in ihren Stücken enthaltene Botschaft wichtiger, entscheidend wichtiger. Für einen Photographen recht schwierig, wenn die Botschaft wichtiger wird als die Form...

In einem Interview mit der italienischen Journalistin Leonetta Bentivoglio spricht Pina Bausch von der Notwendigkeit, ihre Stücke immer wieder aufzunehmen, um sie am Leben zu erhalten, denn Choreographien oder Inszenierungen, wie auch immer, existieren ja nur am Abend der Aufführung. Kam es vor, daß Sie Stücke in verschiedenen Besetzungen gesehen haben?

Ja. Und bin dabei im Gegensatz zu manchen Theater-Inszenierungen mit wechselnden Besetzungen nie enttäuscht worden. Die Erklärung dafür ist nicht sehr kompliziert: Pina behandelt ihre Tänzer und Schauspieler nicht als Nummern oder Objekte, sondern berücksichtigt die Persönlichkeit ihrer Mitarbeiter in ho-

hem Maße. Schlimm, wie im klassischen Ballett die Tänzer austauschbar sind. An dem einen Abend tanzt der eine, und an dem anderen der andere. Was für eine geringschätzige Haltung gegenüber den Tänzern und den Stücken!
Bei Pina Bausch dürfen wir nie vergessen, daß sie ihre Tänzer als Ko-Autoren ihrer Stücke bezeichnet. Das ist wirklich keine Koketterie, wie manche ihr unterschieben wollen, die mit ihrem starken und dabei so verwundbaren Charakter nicht zurechtkommen, sondern nichts als die Wahrheit. Ich möchte gerne noch einmal auf die vorherige Frage zurückkommen: Ich glaube, bei der Verteilung der Rollen gibt es doch einen wesentlichen Unterschied zwischen den frühen und den späteren Stücken: beruht die Struktur der frühen Stücke noch auf der klassischen Verteilung von Haupt- und Nebenrollen, so sind heute die Rollen gleich wichtig, gleich gewichtet, eine logische Konsequenz von Pinas Arbeitsweise, bei der sich die Tänzer ja voll einbringen. Auch wenn sich einige Tänzer aufgrund ihrer Persönlichkeit von den anderen abheben. Nie aber aufgrund einer ›Hauptrolle‹ oder ›Vorzugsbehandlung‹. Pinas Tänzer sind fast alle wohltuend intelligent. Ich habe keine Scheu, es offen auszusprechen: die meisten klassischen Tänzer, und ich habe eine Menge kennengelernt, sind ausgesprochene Dummköpfe, aber das ist nicht weiter tragisch, denn sie werden ja nur als Maschinen benutzt und müssen nichts weiter bringen als Technik. Bei Pina dagegen werden die ganzen Menschen gefordert, der Körper natürlich, aber eben auch Verstand und Seele. Das Innere, die Innerlichkeit wird ausschlaggebend.

Das erinnert mich an Samuel Beckett und dessen beispielhafte Inszenierung seines Stükkes Endspiel *am Berliner Schillertheater. Im Probenprotokoll von Michael Haerdter wird deutlich, wie sehr Beckett auf diese ›intériorité‹ – der viel sachlichere, französische Begriff ist sicher zutreffender als der deutsche: Innerlichkeit – Wert legte.*

Diese Innerlichkeit ist so vielschichtig bei Pina. Da sie bei ihren Stücken die Persönlichkeit ihrer Tänzer benutzt, im positiven Sinn, ist es für das Publikum sehr schwierig, genau zu analysieren, was auf der Bühne eigentlich vor sich geht. So wie es schwierig ist zu analysieren, was im Innern der Menschen vor sich geht, die einem gegenüberstehen. Diese Innerlichkeit verleiht den Tänzern und den Stücken des Wuppertaler Tanztheaters diese ungewöhnliche Ausstrahlung.

Man wirft Pina Bausch vor, ihre Stücke würden immer statischer, entfernten sich immer mehr vom Tanz, denn auf der Bühne rühre sich kaum noch etwas.

Ich glaube, der Vorwurf ist äußerst ungerecht, denn die Stücke von Pina Bausch können nur von Tänzern gespielt werden. Ein Schauspieler ohne Tanztraining kann unmöglich das auf die Bühne bringen, was Pinas Tänzer bringen. Auch wenn sie sich nicht oder kaum bewegen, spürt jeder im Saal, daß ihre Körper die von Tänzern sind. Natürlich kann auch ein Schauspieler vorne an der Bühnenrampe stehen und sich nicht rühren, aber das ergäbe einen ganz anderen Eindruck als bei Tänzern, deren Körper sprechen, auch wenn sie sich nicht bewegen. Jeder Muskel von Pinas Tänzern erzählt eine eigene Geschichte... Interessant in diesem Zusammenhang, daß Pina selbst in Fellinis Film *E la nave va*, in dem sie eine Rolle übernommen hat, eigentlich nichts anderes tut als schauen. Genau das macht sie mit ihren Tänzern: sie stellt sie an die Bühnenrampe und erlaubt ihnen nur, die Augen von rechts nach links und von links nach rechts zu drehen oder auch einmal tief einzuatmen und den Brustkorb zu wölben. Unglaublich!

In diesem Zusammenhang möchte ich eine Stelle aus Raimund Hoghes Buch zitieren, die mich sehr berührt hat. Pina Bausch sagt da: »Was ich tu': ich gucke. Vielleicht ist es das. Ich hab' immer nur Menschen beguckt. Ich hab' nur menschliche Beziehungen gesehen oder versucht zu sehen und darüber zu sprechen. Das ist, wofür ich mich interessiere. Ich weiß auch nichts Wichtigeres als das.«

Das ist bei Pina so offensichtlich!

Ist ihre Haltung nicht mit der eines Photographen verwandt?

Schon, obwohl ein Photograph sicher nicht auf die gleiche Art guckt. Er hat es nicht notwendig, so weit zu gehen wie Pina Bausch.

In vielen Stücken von Pina Bausch werden Photoapparate verwendet.

Stimmt, und das ist kein Zufall. Übrigens, die Polaroid-Kameras, die bei den Stücken verwendet werden, sind keine normalen Requisiten, sie funktionieren, und die Tänzer machen während der Aufführungen richtige Aufnahmen. Die Photoapparate gehören für mich zur gleichen Symbolik wie die Spiegel, die ebenfalls relativ häufig in Pinas Stücken verwendet werden.

Ich möchte gerne auf die ›sprechenden Körper‹ zurückkommen. Sie machen auffallend wenig Ensemble-Aufnahmen. Ich nehme an, Ihr Interesse für diese Körperlichkeit überwiegt?

Sicher. Alles andere wäre Dokumentations-Photographie. Mich interessieren diese Körper, vom Scheitel bis zur Sohle, denn sie erzählen ihre Geschichten. Und wenn es mir gelingt, einen dieser Körper einzufangen, dann erzählt dieser mehr über das Stück als jede Übersichtsaufnahme.

Man wirft Pina Bausch immer häufiger vor, sich zu wiederholen.

Solche lächerlichen Angriffe, die ja auch in Frankreich erhoben werden, machen mich wütend. Der Stil ist bei jedem Künstler eine Konstante. Aber der Inhalt ist bei jedem Stück verschieden, neu, aufregend neu, und wenn die Kritiker bei Pinas letztem Gastspiel in Paris behaupteten, sie erneuere sich nicht mehr, dann kann das für mich nur bedeuten, daß sie nichts, aber wirklich nichts verstanden haben und Pina im Grunde nicht lieben.

Ich kann nur eine Konstante bei Pina Bausch erkennen: die menschlichen Beziehungen, die für mich bei jedem Stück im Mittelpunkt stehen.

Die Beziehungen zwischen den Menschen, und das schließt selbstverständlich die Einsamkeit mit ein, nicht nur zwischen Mann und Frau, sondern auch die unter Männern und Frauen, sind schließlich neben Geburt und Tod, die in Pina Bauschs Stücken ebenfalls eine große Rolle spielen, das Hauptthema, seitdem diese Welt existiert, und es ist nur natürlich, daß sie bei Pina bei jedem Stück im Mittelpunkt stehen. Aber das heißt doch noch lange nicht, daß sie sich wiederholt. Proust hat Tausende von Seiten darüber geschrieben, und niemand wirft ihm vor, sich zu wiederholen.

Liegt das nicht daran, daß in allen Stücken von Pina Bausch zwei Dinge angesprochen werden oder auch einfach vorhanden sind: die Suche nach Zärtlichkeit und die Zärtlichkeit überhaupt?

Ganz bestimmt. Auch in *Blaubart* oder *Die sieben Todsünden*, den härtesten Stücken, die Pina Bausch gemacht hat, was direkte menschliche Beziehungen anbelangt, ist diese Suche nach Zärtlichkeit, nicht nur nach körperlicher Erfüllung, präsent. Auch wenn in dem Stück ein Mann brutal mit einer Frau umgeht. Nach der Premiere von *Viktor* aß ich mit dem Ensemble zu Abend. Pina sprach von Tschernobyl, von ihrem Sohn, der verstrahlten Milch. Ich werde ihren Blick nie vergessen, dieses tiefe Entsetzen, von dem sie erfüllt war, und gleichzeitig diese unglaubliche Zärtlichkeit. Und genau das schafft sie, auf die Bühne, und nicht nur auf die Bühne, sondern auch über die Rampe zu bringen. Ich glaube, diese Liebe zu den Menschen, das ist die Triebkraft, die sie vorantreibt.

Und gleichzeitig der Grund, warum sie so verletzbar ist.

Richtig. Aber da sollten wir vorsichtig sein, denn das ist ja auch gleichzeitig ihre Stärke. Dieses Offensein einerseits und das Umsetzen der Verletzlichkeit in Kunst andererseits.

Liebe, Zärtlichkeit, sind das nicht Gefühle, die stören?

Ganz bestimmt. Hier haben wir vielleicht eine Erklärung dafür gefunden, daß Pina Bauschs Stücke faszinieren und stören, daß man einfach darauf reagieren muß, und wenn man türenschlagend den Raum das Theater verläßt. Unglaublich, wie wenig Kritiker diese Zärtlichkeit von Pina Bausch spüren, im eigentlichen Sinn des Wortes erfahren.

Was halten Sie von folgendem Titel für unser Interview: Pina Bausch oder die störende Zärtlichkeit?

Ausgezeichnet.

GUY DELAHAYE: DER ZAUBERER DES OBJEKTIVEN

Patrick Tacussel

DIE UNMITTELBARKEIT DES KÖRPERLICHEN

Die innere Struktur unserer Bewegungen spiegelt unseren Lebenswillen. Wir können sie als ursprüngliche Manifestation des ›Auf-der-Welt-Seins‹ bezeichnen, als erste Sprache, in der sich der Unterschied zwischen Innen und Außen und das Bewußtsein der Unendlichkeit der Räume festschreiben. Paradoxerweise erstarrt Bewegung nicht, wenn sie auf dem Papier festgehalten wird. Das Sich-Bewegende scheint sich zu stabilisieren, die Immobilität sich aus ihrem Zwang zu befreien, doch weder das eine noch die andere gehorchen den Gewohnheiten der Wahrnehmung. Dabei können die Bewegungen der Zeitlichkeit des Auges nicht entkommen.

Photographien unterteilen die Zeit in ihrem linearen Urzustand, ent-wirklichen allerdings die dem wirklichen Leben (der Bühne) entstammenden Bilder nicht. Bei Bühnenphotographien spielen die reale Dauer einer Aufführung und ihr zeitlicher Ablauf, die auf der Bühne so wichtig sind, keine entscheidende Rolle, auch nicht, aus welchem Abschnitt des Bühnengeschehens die einzelnen Bilder stammen. Dagegen stehen bei beiden, Aufführung wie Photographie, der Körper und seine Bewegungen im Mittelpunkt.

Der menschliche Körper, Magnetfeld der Sinne und Territorium des Schmerzes, ist das Ergebnis einer kulturellen Metamorphose. Die Selbst-Darstellung des Körpers ist ein entscheidender Vorgang, wie Claude Lévi-Strauss es im Hinblick auf die brasilianischen Mbaya-Indianer feststellte, als er sagte, nur ein bemalter Mann sei ein Mann.[1] Die zeitgenössische Ethnologie bestätigt, wie sehr Gesichts- und Körperbemalungen den Übergang von der Animalität zur Kultur ausdrücken. In dem Maße, in dem sich gesellschaftliche Phänomene im Körper ausdrücken, bei unserem Beispiel die Bemalungen, verkörpert er auch eine geistige Ausstrahlung. Wenn der Körper dann im Tanz, in der Bewegung, zum Kunstwerk wird, kommt diese geistige und ästhetische Ausstrahlung voll zur Geltung.

Bühnenphotographie verlangt gründliche Überlegungen über Aufführung und gestische Sprache. Der photographierte oder der sich demonstrativ zeigende Körper fordert Identifikation. Er verzichtet auf einen Teil seiner Fremdartigkeit und läßt in seinen harmonischen Zügen die Freuden und Leiden erahnen, die sonst nicht mitteilbar sind. Die Wertminderung des Bildes, die dem Zuschauer nachgesagte Passivität sind Konsequenzen eines Denkens, das das Sein scharf von seiner Erscheinungsform, das Objekt vom Subjekt trennt.

Guy Delahaye hingegen erweckt im Zuschauer einen ›philosophischen‹ Blick und schafft so wesentliche Kommunikationen zwischen dem, was ist, der Bühnenwirklichkeit, und der Zufälligkeit der Erscheinungsformen, den Photographien, die in sich nicht zufällig sind, da sie von dem Photographen bewußt festgehalten werden, deren Zufälligkeit aber darin besteht, daß ihre Reihenfolge willkürlich geändert werden kann und die Zeitspanne, die das Auge des Betrachters auf der Photographie verweilt, von diesem selbst festgelegt wird. Dies ist die Voraussetzung für Subjektivität, das heißt, für den Austausch wesentlicher Augen-Blicke.

Der Photograph Delahaye schafft eine im etymologischen Sinne tangierbare, berührbare, aber auch recht rätselhafte Realität. Die Photographien scheinen zu atmen; sie schaffen eine Atmosphäre, und ihre Schattierungen geben die ›Intensität‹ an. Die Körper verlassen ihre Objektivität, während der Beobachter davon träumt, in ihre Bewegungen einzudringen und sich ganz den von ihnen ausgelösten Eindrükken hinzugeben. Dabei wahrt Guy Delahaye die Privatsphäre der Künstler; er entreißt sie der todbringenden Einsamkeit: der Außenstehende, der sie auf der Photographie betrachtet, erweckt sie zum Leben. Der Photographierte wird zu einer Geschichte, deren Epilog nirgendwo festgehalten ist; er trägt die Gesamtheit aller Legenden in sich. So wird er unabhängig und über die Erfordernisse des profanen Lebens sowie der unabdingbaren Notwendigkeiten emporgehoben. Sein Schicksal offenbart sich im Tanz: die äußere Erscheinung trügt nicht, sondern entfaltet sich in der Vielzahl der gelebten Augenblicke.

Guy Delahaye begnügt sich nicht damit, ein Stück zu dokumentieren und es damit zum zweiten Mal zu schaffen. Seine Photographien vermeiden alle erzählenden Momente, die die Choreographie begleiten. Er beschäftigt sich mit der unmittelbaren Körperlichkeit, mit der Magie ihres nicht weiter reduzierbaren Ausdrucks, der sich unerwartet im physischen Bereich artikuliert: dort, wo die Sprache ohnmächtig wird, fängt die des Tänzers an. Sein Körper bekommt einen unschätzbaren Wert. Er exponiert sich und wird archetypisch. Seine Sprache ist ernst zu nehmen: Die Bewegung gehorcht ›ohne Zwang‹ einer unsichtbaren, übergeordneten Kohärenz. Nicht der raumgreifende ›pas de danse‹ ist wichtig, sondern die Geste, die den Boden vergessen läßt.

Bühnenphotographie ist niemals spektakulär. Die Leistungen der Tänzer dienen nicht als Heldentaten für ›kultivierte Voyeure‹. Die Kunst des Photographen besteht darin, die Gefühle, die in die Choreographie eingebunden sind, und die Kräfte, die sich in ihr konfrontieren, zweidimensional wiederzugeben. Das auf einem Photo Festgehaltene ist, um hier eine Kategorie Lessingscher Ästhetik einzuführen, die Erfüllung eines ›fruchtbaren Augenblicks‹, bei der die Erscheinung (der abgebildete Gegenstand) ihren objektiven Charakter transzendiert. Die Normen von Reklameschönheiten sind bei diesen Körpern, die über die Dinglichkeit hinausgehen und die Welt der Dinge verlassen, fehl am Platz. Guy Delahayes Arbeiten absorbieren die Existenz der Tänzer; unter Wahrung ihrer Individualität schafft er Universalität. Er macht bisher verborgene Größe sichtbar, so daß der Tänzer mit seiner ursprünglichen Wahrheit eins wird: Die Gesamtheit seiner Expressionen wird auf dem Negativ festgehalten.

Welche Absicht verfolgen wir, wenn wir in eine Ballett-Vorstellung gehen? Ist es möglich, den Rhythmus der choreographischen Form auf die Photographie zu übertragen? Diese beiden Fragen lenken unseren Blick auf die Strukturierung des Sichtbaren, bei der das Wesentliche stets durch Gesicht und Gestik ausgedrückt wird. Die Körper tragen eine Musikalität in sich, die die fließende Zeit aufhebt. Das geistige Leben ergreift innerlich von dem Besitz, was von den Sinnen begriffen werden kann. Wir hören das, was sich zeigt, wir sehen klingende Kompositionen, die dem visuellen Bereich entstammen. Guy Delahaye bringt uns dazu, uns selbst zuzuhören und den Klang evidenter Körperlichkeit wahrzunehmen, aus der Bewegung und Leben erwachsen. Der Tänzer ist Meister über Gleichgewicht und Schwerkraft, der Photograph hält die Ergebnisse fest.

DIE VERHÄNGNISVOLL ERLÖSENDE KRAFT VON BILDERN

Photographien wirken direkt auf die Sensibilität, denn sie verbinden das Dargestellte mit seiner Sinnbildlichkeit. Eine Aufführung photographierend, stellt Guy Delahaye eine Realität her, die von der realen Dauer der Aufführung unabhängig ist. Die Abbildung verliert dabei keines der konstituierenden Momente ihrer Unmittelbarkeit, setzt aber zweifache Geschichtlichkeit voraus, denn um endlos fortbestehen zu können, muß sie der fließenden Zeit entrissen werden. Die Sinnbildlichkeit, von der wir sprachen, ist ein *Fragment gelebter Erfahrung*, eine nicht mehr anfechtbare, ihrer tragischen, da endlichen Existenz entzogene Präsenz. Es gibt zweifellos eine Struktur des Voraussehbaren, auf die der Photograph seine Sinnlichkeit stützen kann; diese Struktur ermöglicht ihm eine homogene Arbeitsweise, die wiederum die Grundlage seiner persönlichen Realität darstellt.

Ein auf der Bühne aufgeführtes Werk, gleich welcher Sparte, zielt nicht auf Imitation ab; es handelt sich hierbei um eine anders ausgerichtete Kunst. Beim Tanz können wir von einer Erlösung sprechen. Ernst Bloch räumt ihm eine utopische, in die Zukunft gerichtete Eigenschaft ein: »Der Tanz war stets die erste und leibhaftigste Form, auszufahren. An einem anderen Ort als den gewohnten, wo man sich als Gewohnter befindet. Und zwar fühlt sich der primitive Tänzer durchgängig, mit Haut und Haar verzaubert. Sein Tanz beginnt orgiastisch, soll aber auch ein weithin vertragendes Werkzeug sein«, schreibt er.[2]

Der Photograph eignet sich dieses Phänomen an, ohne den Versuch zu unternehmen, es abzubilden. Er begeht kein Sakrileg. Der authentischen Schöpfung, der Aufführung, drückt er, ohne ihr Wesen zu verändern, seinen Stempel auf, das heißt, ein in sich selbst authentisches Zeichen, und schafft so seine Schöpfung, die Photographie, in der sich zwei Realitäten vereinen. Folglich suggeriert die Photographie kein Trompe-l'œil eines zufälligen, optischen Ausschnittes, den man auch als optischen Bereich überhaupt definieren könnte, sondern eine faßbare Bild-Landschaft, die dem Auge die Möglichkeit verschafft, sich an einer Aufführung zu freuen, ohne das Rätsel geheimnisvoller Originalität zu verletzen.

Die Weite des Universums erschreckt den Menschen; seine sensuell errungenen Gewißheiten werden von seinen visuellen Fähigkeiten eingeschränkt. Jede Choreographie dagegen bannt die Angst des Menschen vor dem unendlichen Raum, denn der Tänzer bestimmt die Grenzen seiner szenischen Entwicklung selbst, macht den Raum zu seiner Bühne und beherrscht ihn in der Abfolge seiner Bewegungen. Von diesem Punkt ausgehend, betont Guy Delahaye in seinen Photographien, daß sich der Raum im Zentrum der Bewegung befindet. Auf den Photographien werden die von den Tänzern auf der Bühne geschaffenen Räume verdichtet und die Zeit aufgehoben, das heißt, in Körperpositionen verwandelt. Tanz und Photographie gehen eine Verbindung ein, die der Idee vom kosmischen Theater nahekommt.

Tanz und Photographie unterhalten auch eine religiöse Beziehung: sie begegnen sich in der rituellen Erschaffung von Formen und finden hierbei ihre gemeinsame Sprache. In diesem Punkt bestätigt sich die erlösende Kraft von Bildern, die je nach dem Willen der Künstler die Skalen des Lebendigen modifizieren, das nicht mehr an die Objektivität oder die Wahrscheinlichkeit gebunden ist. Es reicht, daß das Lebendige einmal existiert hat, damit es für immer auf einer Photographie festgehalten werden kann. Auch der Tänzer hält sich nicht an Objektivität oder Wahrscheinlichkeit; er verleugnet die Schwerkraft, die die Anmut bedroht und den Körper trotz aller Anstrengungen bei dem Versuch, sich vom Boden zu lösen, an aufwärts gerichteten Bewegungen hindert. Dem Tanz und der Photographie stellt sich die gleiche Aufgabe: sie haben den Körper aus seinem Zeit-Raum-Gefängnis zu befreien, in das er eingesperrt ist, so daß er nicht mehr auf die alltäglichen, funktionalen Bewegungen beschränkt bleibt, auf die Anhäufung mehr oder weniger mechanischer Handlungen, auf eindeutige, immer gleiche Wahrnehmungscodes. Das Einfache und das Vielschichtige, den Geist und die Realität, das Allgemeine und das Besondere konkret vereinend, erreichen bestimmte Aufführungen die Nähe des Idealen. Obwohl die Schönheit, die aus solchen Ereignissen resultiert, noch keine abgeschlossene Form angenommen hat, zeigt uns der Photograph das Wesentliche dieser Schönheit und speichert sie.

Tanzphotographie verdeutlicht, allgemein gesprochen, die Verbindung der symbolischen, archaischen Welt der Mythologie mit moderner Technik. In den Kriegs-, Kult- und Liebestänzen wird die Bestimmung des Tänzers, sein Schicksal, als Phantasmagorie heraufbeschworen, als imaginärer Ort des Unglücks, der der Magie ausgesetzt werden soll, als Hingabe des Ichs an einen symbolischen Tod. Die Bewegungen der Tänzer bauen sich infolgedessen in der Art mythischer Bilder auf und folgen einer vom Bewußtsein unberührten Notwendigkeit, die natürliche Ordnung verklärend. Die Tänzer Guy Delahayes dagegen befinden sich auf der Suche nach ihrer Geschichte und ihrer Zukunft, die durch ihre Präsenz auf den Photographien bereits gesichert ist. Die magische Dimension künstlerischer Photographie, ihr Fetisch-Charakter ist mit dem Regenerationsphänomen verwandt, das direkt an das Bild gebunden ist.[3] Auch der Tanz fordert zu einer Erneuerung auf; er zeigt, daß der Wechsel von einem Zustand zum anderen eine Frage des Rhythmus' ist, wobei wir den Begriff ›Rhythmus‹ mit ›Quelle des Lebens‹ gleichsetzen können. Der Tanz weckt im menschlichen Körper den verborgenen Sinn für das Maß.

UMSETZUNGEN

Die Photographie beruht auf einer Reihe von Umsetzungen, die aus der unmittelbaren, spontan empfundenen Realität eine Realität im übertragenen Sinne macht. Diese Arbeit kann als metaphorisch bezeichnet werden, denn es handelt sich kaum darum, einen dem dargestellten Gegenstand angemessenen Ausdruck zu suchen, sondern ihm eine Form zu verleihen, die im Verhältnis zu ihrer visuellen Bedeutung mit ihrem symbolischen Vorleben übereinstimmt. So gesehen ist es ein Unding, eine psychoanalytische Lesart der Photographie zu entwickeln: die Erotisierung des Körpers, das Begehren, das die Gesten leitet und begleitet, werden vergeistigt oder symbolisiert, wie immer, wenn die künstlerische Absicht konkret zum Extrem getrieben wird. Gilbert Durand schrieb: »Bilder sind nicht aufgrund der libidinösen Wurzeln wertvoll, die sie verbergen, sondern aufgrund der poetischen und mythischen Blumen, die sie enthüllen.«[4] Falls der Körper eines Tänzers psychische Erregung widerspiegelt, eine Art Verzauberung, bei der er von außen kommende Kräfte in sich lenkt, legt die Photographie das Mysterium dieser ›In-Besitznahme‹ nicht bloß, sondern respektiert es.

Guy Delahaye betont das kontrastierende Profil der szenischen Aktion. Die Details der Gesichter gehen nicht mehr auf der Bühne unter, auf der sich die Tänzer bewegen. Jede Stellung ist nur ein Übergang im sinnlichen Prisma, das von beherrschter Leichtigkeit bis zur Melancholie reicht, die auf diesen Gesichtern ablesbar ist, deren emotionale ›Außergewöhnlichkeit‹ vom Photographen festgehalten wird.

Guy Delahaye knüpft mit dem Bild ein physisches Band; den Schauer, der aufgrund seiner Einfühlung in das Bühnengeschehen in dem Photographen ausgelöst wird, überträgt er auf die Betrachter seiner Arbeiten, wobei der Begriff ›Einfühlung‹ sowohl auf die Situation des Schöpfers wie auch auf die Schönheit des offenen, im Entstehen begriffenen Werkes zutrifft. »Was ich [der Künstler] in ihn [den Kunstkonsumenten] einfühle, ist ganz allgemein Leben. Und Leben ist Kraft, inneres Arbeiten, Streben und Vollbringen. Leben ist mit einem Wort Tätigkeit. Tätigkeit aber ist das, worin ich einen Kraftaufwand erlebe. Diese Tätigkeit ist ihrer Natur nach Willenstätigkeit. Sie ist das Streben oder Wollen in Bewegung«[5], wie Theodor Lipps schrieb.

Ich möchte den zweifachen Charakter unterstreichen, der die Bühnenphotographie auszeichnet: sie drückt, von einem in einem bestimmten Augenblick ablaufenden, künstlerischen Vorgang ausgehend, eine bestimmte Klangfarbe, ein Timbre aus, das ihr eigen ist. Qualitätvoll wird sie dann, wenn sie auch ein zweites Timbre wiedergibt, das der Choreographie, das gemeinsamer Gesten und Bewegungen innerhalb des Tanzes. Daher auch die Bedeutung der physischen Verbindung zum Bild: ohne sie könnte der Photograph nicht die sensible, mobile Materie wiedergeben, die die Tänzer auf der Bühne erzeugen.

Nicht Raum und Zeit, die eine Aufführung auf einen bestimmten Ort und eine bestimmte Zeitspanne begrenzen, sind entscheidend; das Wesen der Aufführung liegt in den Tiefendimensionen ihrer Erscheinung, die mit den Vokabeln Atmosphäre oder Stimmung nur unvollkommen definiert werden kann. Wichtig ist, daß diese Phänomene nicht nur gesehen und gehört, sondern auch gefühlt, gespürt werden können. Hierzu zählen Schatten und Licht, Hell und Dunkel, die Guy Delahaye in so starkem Maße prägen, daß er sie zu Themen erhebt. Das photographierte Objekt oder Individuum hebt sich von der es umgebenden Welt ab und sticht, da es beleuchtet ist, ins Auge. ›Für-die-Augen-Dasein‹, das ist die neue Bestimmung der Personen und Dinge. Dabei geben sie nichts von dem auf, was sie kennzeichnet. Sie bewahren ihre »Aura«, um Walter Benjamins Ausdruck zu benutzen, die über die materiellen Bedingungen ihrer Entstehung und die sozialen ihrer Profanierung als Handelsware hinausgeht.

Wichtig ist der Unterschied zwischen Photographie und Aufführung; eine Aufführung (gleich welcher Art) unterliegt einer strengen Kodifizierung und muß notwendigerweise darauf achten, verständlich und vernehmbar zu sein, während die photographische Darstellung eines Theaterstückes oder eines Balletts auf direkte Verständlichkeit verzichten kann. Sie drückt das Bühnengeschehen in Form einer Hieroglyphe aus, die nicht nur vieldeutig, sondern auch vielschichtig ist.

Wenn wir uns die Photographien Guy Delahayes näher anschauen, entdecken wir ein Mosaik, genauer, eine vielschichtige Form, bei der jedes Element, aus der sie zusammengesetzt ist, als Träger der Wahrheit dient. Diese Wahrheit beruht allerdings nicht, um einem weitverbreiteten Irrtum vorzubeugen, auf der sklavisch getreuen Wiedergabe der Realität, sondern auf der Spannbreite, der Spannung zwischen einzelnen Teilaspekten und dem atmosphärischen Ganzen. Delahayes Stil zeichnet sich durch den Kontrast aus, der auf jeder Aufnahme die dunklen Partien strahlend werden läßt und die strahlenden mildert; die Sorgfalt, die er bei der Entwicklung der Filme an den Tag legt, spielt hier eine besondere Rolle. Dabei geht es in erster Linie nicht um technische Glanzleistungen, obwohl er die Alchimie der Photographie völlig beherrscht. Sein Wissen und seine Fähigkeiten sind mit dem Nicht-Wissen des Mystikers verwandt: mit Worten und Konzepten kann er nicht dienen. Sein Auge ist visionär, wird zum Objektiv, und bei der Arbeit befindet er sich in einem ›Primär-Zustand‹. Der Moment, in dem er in seinem Labor die Abzüge herstellt, wird für ihn als kreativer Augenblick entscheidend.

Nur mit Hilfe des künstlichen oder natürlichen Lichts können wir auf photographischen Darstellungen etwas erkennen. Anders ausgedrückt: der Gegenstand der Darstellung, ob Schein oder Wirklichkeit, ob ruhig oder bewegt, ist abhängig von der Stärke des Lichts. Jean Delord, der von der Hypothese ausgeht,

Photographien könnten ›Scheinhandlungen‹ sein, scheut sich nicht, folgende Behauptung aufzustellen: »Sie bestärken den Effekt der Realität; als Ergebnis stoßen wir auf Kunst, die auf ›Erscheinungen‹ basiert.«[6] Delahaye macht aus der Photographie eine ›Erinnerungs-Übung‹, bei der die Dauer oder gar ein etwaiger Abschluß keine Rolle spielen. Auf Photographien sind Aufführungen nie beendet, die Tänzer sind immer noch da, in einer anderen, aber doch unbestreitbaren Präsenz. Sie gehen in eine Geschichtlichkeit ein, die keine Ende aufweist.

DIE POETIK DES BLICKS

Aufgrund der Photographie wissen wir, daß es eine ›Physiognomie an sich‹ nicht gibt. Sie ergibt sich erst aus dem jeweiligen Standpunkt, von dem aus wir sie betrachten. Dabei verändert sie sich je nach den Beziehungen, die wir mit ihrer Realität aufnehmen. Für das Auge bestehen Wesen und Situationen nur aus dem Abbild ihrer Form, mit deren Hilfe wir uns räumlich erleben. Photographien binden das Abgebildete in eine Bild-Landschaft ein und spiegeln sie gleichzeitig im Bild. Der Blick basiert auf Erfahrungen und wird bewußt ausgerichtet: es ist unmöglich, die ganze Umwelt in einem Ausschnitt unterzubringen; trotzdem teilt sich die Gesamt-Atmosphäre mit. Wenn wir auf einer Photographie eine Bewegung erkennen oder auch einen bestimmten Gesichtsausdruck, wirken diese expressiver, als sie es in der Regel in der Wirklichkeit waren. Hier setzt eine Poetik des Sehens ein. So werden nicht nur die Freuden und Leiden der abgebildeten Person gezeigt; auch die des Photographen fließen in die Darstellung mit ein. Erreicht der Dialog zwischen dem Bühnengeschehen und dem auf der Photographie wiedergegebenen Ambiente ein befriedigendes Niveau, entsteht ein Kunstwerk, wobei wir unterstreichen möchten, daß jede Photographie ein Ereignis enthält und beim Betrachtet-Werden im Betrachter ein zweites auslöst, wobei aber nur die Zeit des Betrachters, nicht aber die der Photographie, die nur über eine ›innere Gegenwart‹ verfügt, wichtig ist.

Guy Delahaye macht sich das Bühnengeschehen zu eigen. Den Ausschnitt bestimmend, gestaltet er die verschiedenen Kräfte. Die Tänzer sind keine Modelle, sondern modellieren für uns den Raum. Die Photographie verwandelt sie in verführerische Wesen, die sich in einer Welt entwickeln, in der der Geist von der Stofflichkeit der Wesen Besitz ergriffen hat. Im Rahmen der Choreographie beschwören sie die Magie der Gesten; auf den Photographien werden sie selbst magisch, übernatürlich, Herren und Meister der Noblesse ihrer Bewegung. Jedes Bild ist ewiger Neubeginn: die Handlung, die hier entsteht, erfährt unter keinen Umständen einen Abschluß. Die Authentizität der Bühnenphotographie beruht auf visuellen Echos, die in dem Auge dessen, der sie betrachtet, ausgelöst werden.

Dank des bewußt zu wählenden Bildausschnittes ist Photographie Kunst und kein mechanischer Reproduktionsprozeß. Das Objektiv der Kamera nimmt eine Realität auf, die aufgrund des Eingreifens des Photographen humanisiert wird. Diese Realität kann angenehm oder beunruhigend sein und alle möglichen Timbres annehmen. Dabei enthüllt sie die Persönlichkeit (den visuellen Stil) dessen, der sie schafft. Die Schönheit der Photographie ist nicht hauptsächlich plastischer Natur, von der Harmonie von Farben und Formen abhängig, sondern eher von Situationen abhängig, die unerschöpflich sind.

Tanz und Bühnenphotographie – Pina Bausch und Guy Delahaye weisen eine Gemeinsamkeit auf: ihre Blicke haben die unsichtbaren Schranken zwischen Realem und Nicht-Realem überwunden, und das Zentrum der körperlichen Bewegung ist bei beiden geistiger Natur.

---

[1] Siehe in diesem Zusammenhang Claude Lévi-Strauss, *Traurige Tropen*, dt. von Eva Moldenhauer, Frankfurt/M. 1978.
[2] Ernst Bloch, *Das Prinzip Hoffnung*, Band 1, Frankfurt/M. 1973, S. 462.
[3] Siehe in diesem Zusammenhang Theodor W. Adorno, *Ästhetische Theorie*, Einleitung zu Paralipomena, Frankfurt/M. 1973.
[4] Gilbert Durand, *Les structures anthropologiques de l'imaginaire*, Paris 1984, S. 36.
[5] Siehe Wilhelm Worringer, *Abstraktion und Einfühlung*, München 1959, S. 37.
[6] Jean Delord, *Le temps de photographie*, Paris 1986, S. 76.

PINA BAUSCH
DELAHAYE

104

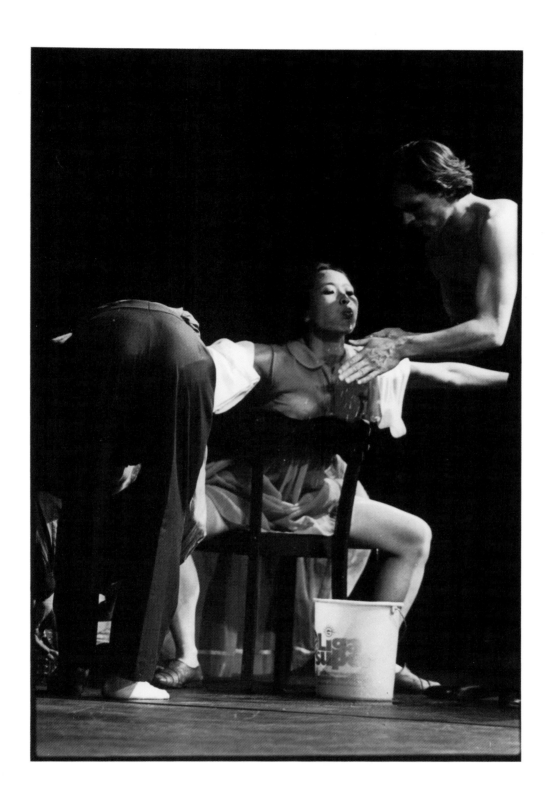

VERZEICHNIS DER PHOTOGRAPHIEN

	Seiten	
DAS FRÜHLINGSOPFER	22 - 23	DOMINIQUE DUSZYNSKI - BEATRICE LIBONATI - HELENA PIKON - MONIKA SAGON - NAZARETH PANADERO.
	25	BENEDICTE BILLIET - JO ANN ENDICOTT.
	27	BEATRICE LIBONATI.
DIE SIEBEN TODSÜNDEN	28 -29	ED KORTLANDT - DOMINIQUE MERCY - URS MICHAEL KAUFMANN - JACOB ANDERSEN.
	30	JO ANN ENDICOTT.
	31	BEATRICE LIBONATI - JO ANN ENDICOTT.
	32	JO ANN ENDICOTT - JANUSZ SUBICZ.
	33	BEATRICE LIBONATI - SILVIA KESSELHEIM.
	34	ANNE MARTIN.
	35	ARTHUR ROSENFELD - ANNE MARTIN - JACOB ANDERSEN - ED KORTLANDT.
	36 - 37	BEATRICE LIBONATI.
BLAUBART	38	DOMINIQUE MERCY - BEATRICE LIBONATI. BEATRICE LIBONATI.
	39	BEATRICE LIBONATI.
	40	DOMINIQUE MERCY.
	41	BEATRICE LIBONATI.
	43	MECHTHILD GROSSMANN.
	45	ANNE MARIE BENATI.
	46	LUTZ FÖRSTER.
	47	MECHTHILD GROSSMANN.
	49	KYOMI ICHIDA - ANNE MARTIN.
KOMM, TANZ MIT MIR	53	KYOMI ICHIDA.
	54	KYOMI ICHIDA - BEATRICE LIBONATI - ED KORTLANDT. NAZARETH PANADERO.
	55	FRANCIS VIET - JEAN-LAURENT SASPORTES - JO ANN ENDICOTT.
	57	ANNE MARTIN.
	58	SILVIA KESSELHEIM - HELENA PIKON - BEATRICE LIBONATI.
RENATE WANDERT AUS	60 - 61	ARTHUR ROSENFELD - FRANCIS VIET - ROLANDO BRENES CALVO - JACOB ANDERSEN - JEAN-LAURENT SASPORTES - JEAN FRANÇOIS DUROURE.
	62	JEAN-LAURENT SASPORTES.
	63	ANNE MARTIN.
	64	NAZARETH PANADERO - JAN MINARIK.
	65	JEAN-FRANÇOIS DUROURE - MONIKA SAGON.
	66	ED KORTLANDT.
	67	ANNE MARIE BENATI - BEATRICE LIBONATI - DOMINIQUE MERCY.
	68	KYOMI ICHIDA - MONIKA SAGON - NAZARETH PANADERO. JEAN-FRANÇOIS DUROURE - ELENA MAJNONI - ANNE MARIE BENATI - DOMINIQUE MERCY.
	69	ERICH LEUKERT.

	Seiten	
CAFE MÜLLER	70 -71	PINA BAUSCH.
	72	PINA BAUSCH.
	73	PINA BAUSCH.
	74	PINA BAUSCH.
	75	PINA BAUSCH.
	76	MERYL TANKARD. MALOU AIRAUDO - DOMINIQUE MERCY.
	77	JEAN-LAURENT SASPORTES.
	78	HELENA PIKON - DOMINIQUE MERCY.
	79	HELENA PIKON - PINA BAUSCH.
	80	MALOU AIRAUDO.
	81	MALOU AIRAUDO.
	82	ANNE MARTIN.
	83	PINA BAUSCH.
KONTAKTHOF	84 - 85	JANUSZ SUBICZ - DOMINIQUE MERCY - URS MICHAEL KAUFMANN - ANNE MARIE BENATI - NAZARETH PANADERO - ANNE MARTIN - HANS POP - JO ANN ENDICOTT - JAN MINARIK - VIVIENNE NEWPORT.
	86	MELANIE KAREN LIEN.
	87	ANNE MARTIN.
	88	MECHTHILD GROSSMANN.
	89	MERYL TANKARD.
	90	JO ANN ENDICOTT - NAZARETH PANADERO.
	91	MECHTHILD GROSSMANN - ANNE MARTIN.
	92	VIVIENNE NEWPORT - MECHTHILD GROSSMANN - LUTZ FÖRSTER - JEAN-LAURENT SASPORTES.
	93	MECHTHILD GROSSMANN - HANS DIETER KNEBEL.
ARIEN	94 - 95	JO ANN ENDICOTT - JAN MINARIK.
	97	MARK SIECZKAREK.
	99	DOMINIQUE MERCY - ANNE MARIE BENATI - MARK SIECZKAREK.
	100	MONIKA SAGON.
	101	SILVIA KESSELHEIM.
	102	JEAN-LAURENT SASPORTES - JO ANN ENDICOTT. ANNE MARTIN.
	103	JO ANN ENDICOTT - ED KORTLANDT.
	104	URS MICHAEL KAUFMANN - FINOLA CRONIN - DOMINIQUE MERCY - JO ANN ENDICOTT.
	105	JO ANN ENDICOTT.
1980 EIN STÜCK VON PINA BAUSCH	106 - 107	ARTHUR ROSENFELD.
	108	HEIDE TEGEDER.
	109	ANNE MARTIN.
	110	ARTHUR ROSENFELD.
	111	MERYL TANKARD.
	113	MECHTHILD GROSSMANN.
	114	LUTZ FÖRSTER - MECHTHILD GROSSMANN. MECHTHILD GROSSMANN.
	115	ISABEL RIBAS SERRA - NAZARETH PANADERO - URS MICHAEL KAUFMANN.
BANDONEON	116 - 117	ANNE MARTIN - KYOMI ICHIDA - ANNE MARIE BENATI - JAN MINARIK - DOMINIQUE MERCY - MECHTHILD GROSSMANN.
	118	NAZARETH PANADERO.
	119	KYOMI ICHIDA - HELENA PIKON.

	Seiten	
WALZER	120 - 121	DOMINIQUE MERCY.
	123	BEATRICE LIBONATI.
	124	BENEDICTE BILLIET - ANNE MARTIN - JACOB ANDERSEN - JANUSZ SUBICZ - FRANCIS VIET - SILVIA KESSELHEIM - JO ANN ENDICOTT. HELENA PIKON - BENEDICTE BILLIET - ANNE MARTIN - URS MICHAEL KAUFMANN - JEAN-LAURENT SASPORTES - FRANCIS VIET - JANUSZ SUBICZ - SILVIA KESSELHEIM.
	125	ANNE MARIE BENATI - NAZARETH PANADERO - HELENA PIKON - ANNE MARTIN - JO ANN ENDICOTT.
	126	MECHTHILD GROSSMANN - DOMINIQUE MERCY.
	127	JO ANN ENDICOTT.
	128	DOMINIQUE MERCY - NAZARETH PANADERO.
	129	DOMINIQUE MERCY.
	130	MECHTHILD GROSSMANN.
	131	JO ANN ENDICOTT.
NELKEN	132 -133	HELENA PIKON - ANNE MARTIN - JACOB ANDERSEN - JEAN-LAURENT SASPORTES.
	135	ANNE MARTIN.
	137	BEATRICE LIBONATI - BENEDICTE BILLIET.
	139	ED KORTLANDT - JAN MINARIK.
	140	URS MICHAEL KAUFMANN - ANNE MARIE BENATI - KYOMI ICHIDA - NAZARETH PANADERO.
	141	LUTZ FÖRSTER.
	142	BENEDICTE BILLIET.
	143	URS MICHAEL KAUFMANN.
AUF DEM GEBIRGE HAT MAN EIN GESCHREI GEHÖRT	144 - 145	JACOB ANDERSEN - ELENA MAJNONI.
	147	JAN MINARIK.
	148	LUTZ FÖRSTER - JACOB ANDERSEN - KYOMI ICHIDA - JANUSZ SUBICZ - JEAN-LAURENT SASPORTES - MELANIE KAREN LIEN.
	149	MELANIE KAREN LIEN - URS MICHAEL KAUFMANN.
	150	JAN MINARIK - JO ANN ENDICOTT.
	151	JAN MINARIK - SILVIA KESSELHEIM - NAZARETH PANADERO.
TWO CIGARETTES IN THE DARK	152 - 153	HELENA PIKON - MECHTHILD GROSSMANN.
	155	MECHTHILD GROSSMANN.
	156	JEAN-FRANÇOIS DUROURE - JO ANN ENDICOTT.
	157	DOMINIQUE MERCY.
	158	JEAN-FRANÇOIS DUROURE - DOMINIQUE MERCY.
	159	FRANCIS VIET.
	160	JACOB ANDERSEN. DOMINIQUE MERCY - HELENA PIKON - FRANCIS VIET - JEAN-FRANÇOIS DUROURE - JACOB ANDERSEN - KYOMI ICHIDA.
	161	DOMINIQUE DUSZYNSKI.
	162	HELENA PIKON.
	163	JO ANN ENDICOTT.
	164	JAN MINARIK - BENEDICTE BILLIET.
	165	HELENA PIKON.

VIKTOR	Seiten	
	166 - 167	JEAN-FRANÇOIS DUROURE - FRANCIS VIET.
	168	DOMINIQUE MERCY. JACOB ANDERSEN.
	169	DOMINIQUE MERCY - JACOB ANDERSEN.
	170	KYOMI ICHIDA.
	171	FRANCIS VIET - KYOMI ICHIDA.
AHNEN	172 - 173	MELANIE KAREN LIEN - FRANCIS VIET - URS MICHAEL KAUFMANN - DANA SAPIRO.
	174	ELENA MAJNONI.
	175	BENEDICTE BILLIET.
	176	BENEDICTE BILLIET.
	177	HELENA PIKON.
	179	URS MICHAEL KAUFMANN - ARTHUR ROSENFELD - FRANCIS VIET.

INHALTSVERZEICHNIS

7 – 8   EINE BIOGRAPHISCHE NOTIZ

9 – 14   PINA BAUSCH ODER DIE STÖRENDE ZÄRTLICHKEIT –
EIN GESPRÄCH MIT GUY DELAHAYE
Rudolf Kimmig

15 – 19   GUY DELAHAYE: DER ZAUBERER DES OBJEKTIVEN
Patrick Tacussel

21–179   PINA BAUSCH
Delahaye
- DAS FRÜHLINGSOPFER
- DIE SIEBEN TODSÜNDEN
- BLAUBART
- KOMM, TANZ MIT MIR
- RENATE WANDERT AUS
- CAFE MÜLLER
- KONTAKTHOF
- ARIEN
- 1980 EIN STÜCK VON PINA BAUSCH
- BANDONEON
- WALZER
- NELKEN
- AUF DEM GEBIRGE HAT MAN EIN GESCHREI GEHÖRT
- TWO CIGARETTES IN THE DARK
- VIKTOR
- AHNEN

181–184   VERZEICHNIS DER PHOTOGRAPHIEN

187   DANKSAGUNG

Wir bedanken uns bei:

MICHEL BATAILLON
RONALD KEY
FRANCO QUADRI
NORBERT SERVOS
GERARD VIOLETTE
RAIMUND HOGHE